ちょっと昭和な関西の味

さいとう しのぶ

もくじ

春

夏

秋

冬

春

きつねうどん

「ああ、きつねうどん食べたいわあ」

海外旅行から帰る飛行機の中、いつもこう思う。空港の出口付近にうどんの屋台なんかあったら絶対はやると思う。なんやったら、機内食できつねうどんを出してほしい。給食みたいなやつじゃなくて、本格的なきつねうどん。食べ慣れない食事で疲れた胃にかつおのお出汁《だし》が染みわたり、「ああ、やっぱり日本が一番やなあ」ということになると思う。

やっぱりきつねうどんってすごい。

ちょっと古い関西の人は、きつねうどんのことを「けつね」という。あげのことは「おあげさん」。「お」がついた上に「さん」までついている。「おいもさん」や、「おかいさん」もそう。なんで関西の人って、食べ物に「さん」をつけるんやろ。飴なんか、あめちゃんやし。

わたしが描く絵本も食べ物に手足が生えて顔まである。つまり擬人化されている。食べ物に「さん」やら「ちゃん」をつける関西で育ったせいかもしれない。

新聞

ばらずし

明日は、ひな祭り。久しぶりに「ばらずし」にしようかな……。

わが家で、本格的に作るなら、干しシイタケと高野豆腐、カンピョウ、ニンジンを煮しめたもの、酢れんこん、すべて細かく切って、寿司飯に混ぜ込む。いりゴマも入れていた。チリメンジャコを入れるときもある。錦糸卵と刻みのり、キヌサヤで飾り付け、必ず真ん中にちょこんと家で漬けた紅しょうがを添える。

手抜きするなら、市販のちらし寿司の素を使って、飾り付けは同じ。

さあ、今年はどうなるか……たぶん、後者。

そのせいか最近、「ばらずし」という言葉を使わなくなった。この本でも登場している「関東煮《かんとうだき》」もそう、おでんの素を使うようになって「関東煮」と呼ばず、「おでん」と呼ぶようになってしまった。

わたしのイメージするところのちらし寿司は、エビやタコ、マグロやイクラなどの海鮮で飾られていて豪華な感じ。しかし我が家で作るものは明らかに子どもの頃、お誕生会などに母が作ってくれた「ばらずし」である。

関西本来の家庭の味や言葉を残さねばという思いは十分にある。あるのだけれど、手抜きはやめられそうにないなあ。

まぜまぜだ
ちらし寿司の素

お好み焼き

少し暖かくなってくると、食欲もわいてくる。寒いとどうしてもなべ料理が多かったが、これからは、やっぱり鉄板料理。そう、お好み焼き。関西を代表する食べ物である。濃いソースの味は、自然とビールが進む。

しかし、ごめんなさい。わが家でお好み焼きをする場合、いつからこうなったのか、広島焼きスタイルをとっている。お店に食べに行くときは、もちろん関西風お好み焼きなのだが、自宅で作ると、関西風では、どうしてもずっしりと重くなってしまい、お店で食べるふわっとしたお好み焼きができない。

そこで、いつだったか、夫が学生時代広島県出身の友人から教わった広島焼きを作ってくれたことがあり、それがあっさりとしておいしかったので、それ以来、広島焼きになってしまった。

そして、理由はもう一つ。広島焼きであれば、夫が率先して作ってくれるという利点。「パパ、おいしいわぁ!」とおだてておけば、こちらは楽できる。

しかし、このままでは関西人の息子が、お好み焼きイコール広島焼きとなってしまうのではないか。やむなく、時折思い出したかのように、ずっしりとした関西風お好み焼きを作るのである。

若ごぼう

「今日の晩ご飯、何にしようかなあ?」と、食料品売り場を歩いていたら、目立つ所に若ごぼうを見つけた。よく見ると、「八尾の若ごぼう」と書いてある。「へえ、若ごぼうって八尾でつくってるんだ」

早速、家に帰って調べてみたら、若ごぼうは大阪を中心とする関西で食されていることが多く、江戸時代より伝統の「矢型」の束で出荷されることから、「やーごんぼ」とも呼ばれたそうだ。そう、「ごんぼさん」なんていう響き、最近聞かないな……。

現在では、主に八尾市で生産されているらしく、ハウス栽培だと2月から、露地物は3月～4月上旬まで市場に出回っていて、まさに春を告げる野菜。食物繊維や鉄分、カルシウムが多く、高血圧や動脈硬化などのリスクを軽減する働きのある「ルチン」が含まれている。しかし、この若ごぼう、菜っ葉とともに、子どもの頃は「嫌いなおかずの1位」を争う食材だった。料理法も同じで、茎から根の部分をおあげさんと炒め煮にする。ほのかな苦みがあって、食感が楽しめる。

実際、食卓に出してみると、夫は「これ何?」と聞き、「若ごぼうやん」と答えると「若ごぼうってなに?」と再び。息子に関しても「これ何?」で、一口食べて、「うえー、いらん」だった。こんな二人に春は来ない

春ですよ!

バッテラ

今の関西の子どもたちは、バッテラを知っているのだろうか？

回転寿司《ずし》なるものが現われてから、かつて高級だった握り寿司が庶民的になり、バッテラなどの押し寿司の存在が薄れてきたように思う。回転寿司でもたまにバッテラが回っていたりするが、取っている人をあまり見ない。同じサバでも鯖の棒寿司などは、最近デパートなどでびっくりするような値段で売られている。

でも、わたしは、この庶民的なバッテラが好きだ！　もっとバッテラのことをよく知ってほしい。というわけで、調べてみると、このバッテラ、実はポルトガル語で、小舟を意味する「バッテイラ」。当初は、コノシロを使っていたため、その形が小舟に似ており名付けられたそうだが、なんともハイカラな。

コノシロの値が急騰してからは、サバが使われるようになったそうだが、単にサバが使われただけでなく、おぼろ昆布を削って残った昆布の芯、白板昆布が、うすくのせてあるところがいい。この昆布、見た目にもよいが、昆布のうまみ成分がサバにまろやかな風味を添え、しかも魚の臭みも消し、その上乾燥も防ぐというすぐれもの。ますますバッテラが好きになった！

よし！　バッテラとビールを持って、お花見に行こう！

焼肉

暖かくなると、なぜか肉が食べたくなる。寒い冬が終わって、活動的になった体が欲しているのだろうか？　でも、ステーキとかではなく、あの、たれの味のしみ込んだ焼肉が食べたくなるのだ。

そもそも、「焼肉って何？」と調べていたら、『大阪の教科書　大阪検定公式テキスト』（創元社）という本に「日本、欧米、朝鮮半島と多文化が融合して出来上がったのが焼肉という料理なのである」と書かれてあった。そして肉を自分で焼き、つけだれにつけて食べるというスタイルが、戦後できた大阪の老舗で、ほぼ同時期に定着しているらしいのだ。つまりは、焼肉の発祥は、大阪ということになる。あの、ＪＲ鶴橋駅のホームに立ったとき漂う焼肉の香りが証明しているのだろうか……？

肉を自分で焼くというのもそこに遊びの要素があり、楽しみながら、おいしいものを味わう大阪らしさがある。

わが家も、もちろん焼き肉店でも食べることがあるが、４月の中頃からは、自宅の小さな庭で、焼肉をする機会が増える。焼肉になると思春期の息子の機嫌もよく、屋外だと食欲も増す。しかし、これもつかの間、蚊の出現により、庭での焼肉は、困難となる。わずかな焼肉日和を大阪人としてたっぷり満喫したいと思う。

こうこ

花見の季節がやってきた。どこか、花見に行きたいなあと思い、ふと考えた。昔の花見はどんなだったのだろう。特に関西。

そこで「上方の花見」と検索してみたら、落語の「貧乏花見」が出てきた。なるほど、落語はその時代の暮らしを知るのにもってこいだ。しかも上方落語は、美しい大阪弁が今もそのままに受け継がれている。

亡くなられた桂米朝さんは、この上方落語を残されるのに貢献された。そして、この落語からは「ああ、おじいちゃんがよく、そんな言葉使ってたなあ」と懐かしい表現を見つけることができる。この「貧乏花見」の中にもあった。それが「こうこ」。たくあんのことである。わたしも子どもの頃「そこの、おこうこ、取って！」などと言っていた。最近では、言わなくなってしまったが、香の物からきているのだろう。

この「貧乏花見」は、上方落語の演目の一つ。東京に伝わって「長屋の花見」となる。その日暮らしの長屋の連中が花見をするのに、食べ物も、服装も代用品で済ます。卵焼きの代わりに「こうこ」を、酒の代わりに「茶（お茶け）」を、かまぼこの代わりには「おこげ」を食べるシーンがあるのだ。貧しくても陽気な庶民の生活がうかがえる。

でも、最近、卵焼きより「こうこ」の方が高いように思うときがあるなあ…。

明石焼き

長いこと明石焼きを食べていないなあ。たこ焼きはよく食べるのに……。

そもそも、たこ焼きと明石焼きの違いってなんだろう？　形は似ているし、作り方も近いような気がする。調べてみたら、明石焼きは、本来「玉子焼き」と呼ばれ、江戸時代の終わりから食べられており、たこ焼きの元らしい。

まず、材料が違う。中に入れるタコはどちらも同じ。鶏卵と小麦粉、出汁《だし》も両方ともに使用するが、明石焼きは、沈粉《じんこ》と呼ばれる小麦でんぷん粉を使う。それからたこ焼きは、丸くかたどった鉄板を使用するが、明石焼きは、熱伝導の良い銅でできたものを使用する。ひっくり返すものも違い、その銅を傷つけないために明石焼きは菜箸を使う。食べ方もたこ焼きはソースに青のり、鰹節といったコテコテ大阪丸出しといった感じだが、明石焼きは、三つ葉の浮かんだ出汁につけていただく、あっさりとしたやさしいお味だ。

最後に器。明石焼きといえば、あのまな板のような木製の皿が特徴的。その板が傾いている。それには、いろいろな理由があるらしいが、あの柔らかい明石焼きを焼き板から移し替えやすいし、食べる側も傾斜がついていることで出汁につけやすい。

結論としては、たこ焼きも明石焼きも、どちらも大変おいしいということだ。

オムライス

いきなり宣伝ですが、『まほうのでんしレンジ』（ひかりのくに　原案・たかおかまりこ）というわたしの絵本があります。主人公の男の子とお父さんが、魔法の電子レンジに空《から》のお皿を入れて呪文の歌をうたうと、チーン！　大きな大きなオムライスの出来上がり！　なんでオムライス？　そう、何を隠そう、わたしが単にオムライスが好きなだけである。

高校生の頃、友達とアメリカ村に古着を買いに行って、お昼はいつも心斎橋にある「明治軒」のオムライスを食べに行った。みんなで串カツを一つ頼んで、一人1本ずつ食べる。今の言葉でいうとシェア。単にお金がないだけの話。オムライスの卵の薄さと中のデミグラスソースのからんだ、とろっとしたライスが絶妙にマッチしていて、たまらなくおいしい。合間にサクサクの串カツを食べるとまた、オムライスが一層おいしく感じられる。ああ、今すぐ食べたい、わたしの青春の味。あれから30年たった今も、オムライスの味は変わらない。なのにわたしは、すっかりおばさんになってしまった。

ところで、この『まほうのでんしレンジ』で、お父さんと息子はどんどんおいしいものを作っていくのだが、さあ、何のために？　最後の結末はちょっと自分で描いておきながらじーんときます。ぜひ、見てください！

創業昭和元年
洋食
明治軒

南高梅

梅の実が届いた。部屋中が甘い香りに包まれている。どうしてこのまま食べられないのだろうといつも思う。

ここ数年、梅干しを漬けている。それまでは、母がずっと漬けてくれていたが、いい加減、わたしもその伝統を受け継がなくてはならない。母の指導のもと、小学生の息子の助けを借りて、なんとか漬けている。そこで、時期になると、和歌山県から、完熟した南高梅《なんこうばい》を送ってもらう。果肉たっぷりの柔らかい、いい梅干しができる。

梅干しが漬かれば、さあ、土用干し。大きなざるに、一個一個梅干しを並べていく。しょっぱい香りが漂って、匂いだけでご飯一膳食べられそうだ。

子どもの頃は、物干しに並べられた梅干しの、さすがに梅干し自体は食べないが、一緒に干している赤ジソをよくつまんだものだ。「ああ、しょっぱ！」想像するだけで口の中がしょっぱくなる。

梅干しは、お弁当に入れておくと、防腐効果があるのでご飯も傷みにくいし、一緒に食べることによって、梅干しにふくまれるクエン酸が、ご飯の糖質を素早くエネルギーに変えてくれる、すぐれた伝統食だそうだ。

そんな梅干しが主人公の「うめぼしちゃん」っていう絵本でも描いてみようかな。

うめぼしちゃん

菜っ葉の炊いたん

あんなに子どもの頃嫌いだったのに、この年になると食べたくなる、「菜っ葉の炊《た》いたん」。関西では、煮たものを「○○の炊いたん」と表現する。つまり「菜っ葉の炊いたん」は、一般的に「菜っ葉」と呼ばれる白菜や小松菜などと、おあげさん（この表現も関西的）を炒め煮したもののことをいう。煮びたしともいい、京都のおばんざいとしても有名。

父が好きだったせいか、菜っ葉が安かったのか、子どもの頃、この菜っ葉の炊いたんが食卓によく並んでいた。しかも、京都の割烹料理屋の突き出しで出てくるようなちょこっとではない。大きな鉢に大盛り入って、それが一人ひとりに配膳されている。そうするとたいがい、横には焼き魚が置かれてあって、「え〜っ、菜っ葉の炊いたん！　それに魚！」と、夕飯のおかずに文句言おうものなら、母に「贅沢言わんと食べ！」と返されるのである。

それがどうだろう、今ではその菜っ葉を喜んで炊いている。夫も「菜っ葉、炊いて〜！」と菜っ葉とあげを買ってきたりする。しかし、小5の息子は、「うえ〜、菜っ葉や！」と、食事の最後にむりやりかっ込んでいる。そんな姿を見て、わたしは、思う。「大丈夫や、あんたも、年いったら、菜っ葉の炊いたん、食べたなるんやで〜！」

奈良漬

父方のお墓参りに行った帰りに東大寺を訪れた。久しぶりの奈良は外国人の多いこと多いこと。そのうち数人が、奈良漬を買っておられるのを見つけた。しかも西瓜《すいか》の奈良漬け。ゴルフボールよりひとまわり大きいサイズの西瓜を漬け込んだものだ。いかにも通な外国人だと感心した。ガイドブックにでも載っていたのだろうか？　奈良漬といえば、日本人でも好き嫌いがはっきりしている食品なのに……。

子どもの頃は、父が、おいしそうに食べているのを見て、一切れ食べてみるも、「酔う〜！」と言っては即座に呑み込んでいたものだ。夫に至ってはいまだに食べない。お酒は飲むのにその酒粕で漬けたものは苦手とはどういうことだ。

そう、奈良漬は白うり、胡瓜、西瓜、ショウガなどの野菜を塩漬けし、酒粕に漬けたもので、何度も新しい酒粕と交換して漬けていく。その歴史は古く、平城京跡地で「粕漬瓜」と記されたものが発見されている。

わたしも日本人として、外国人に負けじと西瓜の奈良漬を買って帰った。そのお味は一切れで、茶粥3杯くらい食べられそうな、しっかりと酒粕の味がした。食べた後は、口の中がさっぱりとし、絶品だった。

今の奈良漬の感想は…「酔いそう」である。わたしも大人になったものだ。

郵便はがき

おそれいりますが
切手を
おはりください。

1 7 6 - 0 0 0 4

東京都練馬区小竹町二一-三三-二四-一〇四

株式会社
リーブル
行

リーブルの本をご愛読くださいまして ありがとうございます。

今後の本づくりの参考にさせていただきたく，お手数ですが，
ご意見・ご感想をぜひおきかせください。

書　名

お名前　　　　　　　　　　　　　　　　　（男・女　　才）

ご住所

お仕事

お求めの書店名　　　　　　　　　（　　県　　　市・町）

この本をお知りになったのは？

1.書店　2.知人の紹介　3.紹介記事　4.図書館
5.その他（　　　　　　　　　　　　　　）

ご意見・ご感想をお願いいたします。

ご協力ありがとうございました。

宇治茶

六月に仕事で宇治を訪れた。とてもすがすがしい良いお天気に反し、わたしは悩みを抱えたまま仕事に臨んだ。学校の先生方が多く参加される講演会で、２時間ほど絵本や手作り絵本などのお話をさせていただき、無事仕事を終えた。さあ、帰りましょうといとき、大きな荷物があるからと、講演会の代表の先生が自宅まで車で送ると言ってくださった。ここは宇治で、わたしの自宅は大阪の堺。「いえ、いえ、電車で帰れます」と遠慮したものの、「１時間もかからないから」と、本当に荷物とともに送り届けてもらったのだった。お土産にと宇治の新茶まで頂戴して……。

数日後、その宇治茶をいただいた。まろやかで、嫌な苦みもなく、新茶らしいさわやかな味がした。そんな優しい宇治茶をいただきながら、送ってくださった先生が道中、ずっとわたしの話を聞いてくださったことを思い出した。自宅に着く頃には、わたしの心はずいぶん軽くなっていたのだった。

その後も訪れた講演先で、いろいろな方から励まされ、元気をもらった。講師料をもらっているのはわたしのはずなのだが……。寄り添い、耳を傾けることの大切さ、人は人に支えられて、生きていけるのだということをしみじみ実感した。

おいしい宇治茶をすすりながら、なぜだか涙が出た。

夏

炭酸せんべい

「有馬温泉に行ってきました」と、近所の方によくいただいた、炭酸せんべい。子どもの頃、この炭酸せんべいの入ったカラフルな缶を見ただけで、中身は、あの薄くてパリッとした食感と甘さ控えめなやさしいお味のせんべいだと分かり、うれしかったものだ。

有馬の炭酸せんべいは、温泉に湧き出る炭酸泉水を利用した明治時代から親しまれた有馬温泉の代表的な名物。バターなどを使用していないため、お腹に優しい食品で、小さな子どもにも安心して食べさせられる。

そんな炭酸せんべいの中でも、湯本坂にある炭酸せんべい発祥の店である「三津森本舗」という所の「有馬名産　手焼き炭酸煎餅」が大変おいしかった。このせんべいは職人さんが、一枚一枚焼いておられ、分厚い鉄板の型に適量の種を落として焼き上げ、はみ出したバリという部分を手作業でけずって仕上げる。お店に伺うと、「どうぞ」と焼きたてのものを試食させてくれた。手焼きでしか味わえない格別の食感と風味がたまらない。お土産にと、たくさん買い占めた。２枚ずつ個別包装されているため、湿気《しけ》る心配もない。３人家族だからと少ししか買わなかったら、あまりのおいしさに、あっという間になくなってしまった。こんなことなら、もっとたくさん買えばよかったなぁ。

ARIMA CIDER TAIHO WATER
ありまサイダー
ARIMA・MEISAN・TANSAN・SENBEI・
有馬名産
タンサン

水なす

水なすのぬか漬けが届いた。毎年贈ってくださる方がいる。ありがたい、ありがたい。泉州名物のこの水なすのぬか漬けを、一口かみしめると、ジュワーッと、口の中いっぱいに水なすの水分が広がり、フルーティな甘味が残る。程よい歯ごたえもあり、わたしの大好物の一つだ。

ぬかのついた状態で送られてくるので、着いたその日にいただくと、浅漬けの水なすがいただけ、日がたつにつれてしっかりと漬っていくので、いろいろな水なすのぬか漬けが楽しめる。

また、たっぷりとぬかがついているので、そのぬかを利用して、自宅でぬか漬けができる。水なすがなくなっても、今度は、自家製のキュウリのぬか漬けが楽しめたりする。

生の水なすも、よく購入する。食事の寸前に水なすを適当な大きさに手でさいて、刻んだミョウガなんかと一緒に塩で軽くもむ。それだけで十分おいしい一品ができる。手抜き主婦にとって好都合な食材だ。

食欲のないときでも（わたしにはそんなときはあんまりないが）さっぱりとして、ご飯が進む。お酒のあてにもなるので、ビールも進む。いつまでたっても痩せられそうにない。

実山椒

店頭で実山椒《みざんしょう》を見かけるようになった。産経新聞で「マイ・フェイバリット関西」の連載をしてから、これは関西のものか否かということを考えるようになってしまった。実山椒もその一つ。調べてみたら、大あたり、和歌山県がその生産の80％を占めているらしい。そして、この実山椒を使ったものといえば「ちりめん山椒」。京都の名産である。今ではすっかり全国に広まっている。

母はこのちりめん山椒も作ってくれたが、よく、実山椒のつくだ煮を作っていた。たくさん作って瓶に詰め、冷蔵庫に入れておけば長く保存できる。夫はこれが大好きで、煮魚に入れたり、昆布や山ブキのつくだ煮などにもこの山椒のつくだ煮を入れる。あんまりたくさん入れるので、「そんなに入れたら、舌がしびれるって！」と注意するも聞かず、案の定、食べ終わって、ひーひー、言っている。

あんまり山椒が好きなので、10年ほど前、庭を造る際、立派な山椒の古木を植えてもらった。しばらくは葉などを楽しめたが、実は付けず、アゲハチョウの幼虫のすみかとなり、水が足りなかったのか、結局枯らしてしまった。植木屋さんも「立派な木だったのに」と嘆いておられた。仕方がないので、その太い幹で父にスリコギを作ってもらった。今でもそのスリコギは活躍している。

紅ずいき

なぜ紅ずいきなのか……答えは簡単、わたしの大好物だからである。

たとえば、わたしがお誕生日で、誰かがわたしの好きな料理を作ってくれるというなら、迷わず「ずいきの炊《た》いたん」をリクエストする。つまり、ずいきとおあげさんを煮たものである。熱あつで食べてもいいし、暑い時期なら冷やして食べても格別である。これさえあれば、ほかには何もいらない。

ずいきのない時期は、「干しずいき」でもいい。こちらの方は、もっと歯ごたえがあり、味もしっかりとしていて、また、おいしい。

しかし、「ずいき」ってなに？　という方もおられるだろう。ずいきとは、「芋茎」と書き、里芋の葉柄《ようへい》をずいきと呼ぶのだそうだ。関西では、昔から夏の伝統野菜として親しまれ、現在では、貝塚などの泉州地区の特産品とされている。大きいもので、高さ2メートルもあり、スーパーなどでは、30センチくらいに切り分けて売られている。「あ、あれか！」と思われた方もいるかもしれない。お酢を少し加え茹でてアクを取り、水の中で皮をむいたら、食べやすい大きさに切って、おひたしにしてもいいし、おあげさんと炊いてもいい。食物繊維たっぷりでビタミンも豊富なずいきは、美容にもいいらしい。ますます、ずいきが好きになるなあ！

ずいき

ところてん

「ところてんって、どうやって食べる?」

夫に尋ねてみたところ、大阪人のはずの彼から意外な言葉が返ってきた。

「酢じょうゆ」

「なんでー? 関西人やのに酢じょうゆ? それっておかずで食べるん?」

「ちがう。おやつ」

「おやつやのに酢じょうゆ? 考えられへん! ところてんは、黒蜜やろ! スイーツやんか! わらびもちみたいな感じで……」

「黒蜜? それこそ、ありえへんわ! 気持ちわるぅ」

もはやこれ以上続けていても夫婦げんかに発展するばかり。育ってきた環境の違いである。調べてみれば、やはり圧倒的に関西は黒蜜で、関東以北は二杯酢(酢じょうゆ)、中部地域は三杯酢、四国はお出汁《だし》などとなっていた。後は、からしじょうゆや、天つゆなど、さまざまだ。食料品売り場に行ってみると、目立つ場所にところてんを発見。圧倒的に黒蜜の品数が多く、真ん中に黒蜜が、右には三杯酢、左には抹茶というのが置いてあった。そういえば、息子にところてんを食べさせたことってあったっけ? わたしは、迷わず黒蜜2個と、酢じょうゆ1個を買った。

関西代表
黒蜜
酢醤油

おばけ

夏場にはもってこいのタイトル、おばけ。怖い話をしようというわけではない。

この「おばけ」とは、「尾羽毛」と書くらしく、クジラの尾の皮の部分のことで、「さらしくじら」「おば雪」「花くじら」とも呼ぶ。関西の郷土料理。この皮を薄くスライスし、湯引きにすると、チリチリになる。真っ白で涼しげな「おばけ」に、からし酢味噌をかけていただくのだが、わたしは、大人になってからは食べたことがない。

子どもの頃、祖父が、よくこの「おばけ」を肴《さかな》に日本酒を飲んでいた。夕飯の食卓で、祖父にだけこの「おばけ」が置かれていたので、うらやましいのと珍しいので、一切れ食べさせてもらった。感想は、今でも覚えている。「歯磨き粉の味」。子ども向きではなかったのだろう。からし酢味噌のつーんとしたのが歯磨き粉だったか？　それ以来食べたことがない。もう十分大人なのだから、もう一度食べてみようと、デパートで買ってみた。小学生の息子は食べないだろうと夫とわたしの分しか用意していなかったのに、「なに、これ?」とつまんでは、「うまい!」と言って、あっという間に食べてしまった。将来、きっと酒飲みになる。もちろん、この「おばけ」、歯磨き粉の味ではなかった。くせのない、さっぱりとした脂身のような、なんとも清涼感のある一品だった。

半助

土用の丑《うし》の日に、ウナギが食べられなかった。こんなに高いと、ちょっと手が出ない。で、思い出したのが半助。ウナギの頭の部分を関西ではこう呼ぶ。もともと半助とは、一円（円助）の半分のことをいい、当時、ウナギの頭がひと山50銭で売られていたので、半助と呼ばれるようになったそうだ。そして、この半助と焼き豆腐やネギを一緒に炊いたものが、関西独特の郷土料理、半助豆腐。でも、なぜ関西独特なのか？　それは関西と関東でのウナギのさばき方の違いだそうで、関東では、まずウナギの頭を落としてから背開きにするらしいのだが、関西は腹開きにし、頭のついた状態でかば焼きにし、それから頭を落とすので、たれのついた香ばしい半助が余ってしまう。ならば、その頭を売ってしまおうという関西魂。

そういえば、ずいぶん前、鰻屋さんで、支払いをする際に、レジの所に半助がたくさん入れられたビニール袋が置かれていた。「無料で持って帰ってください」ということだったが、うちの息子に「ママ、これ何?」と聞かれ、どう調理するのかもわからず、「ウナギの頭やなあ」で終わっていた。今なら、絶対もらって帰る。半助豆腐にしなくてもよい。そのまま、ちょっとだけついた身を肴にビールが飲める！　半助でいい、ウナギの味を味わいたい！

冷コーとミックスジュース

喫茶店の絵を描いていて（本業は絵本作家）ふと、思い出した。子どもの頃、祖父が喫茶店に連れてってくれたことを。いわゆる純喫茶と呼ばれる喫茶店が、当時街のあちらこちらにあった。

店内は少し薄暗く、煙草《たばこ》の匂いがして、ステンドグラス越しの光がさしていた。座席や背もたれにモスグリーンの別珍《べっちん》が貼られた椅子に座ると、大人な世界に紛れ込んだようで、少し居心地が悪かった。

祖父はたいていホットを頼み、わたしは、ミックスジュースだった。そのホットコーヒーには必ずピーナッツがついていて、小学生のわたしは、そのピーナッツをつまみながらミックスジュースを飲むのだった。夏場になると、祖父の注文が「ホット」から、「冷《れい》コー」に変わっていた。今ではすっかり言わなくなった冷コー。アイスコーヒーのことである。ほかにもレスカ（レモンスカッシュ）やレティ（レモンティ）などという表現もたしかあった。これらはほとんど関西特有のものであり、喫茶店のメニューにミックスジュースがあるのも、関西だけであることをわたしは、わりと最近になって知った。

わたしのデビュー作である『よーいよーいよい』（ひさかたチャイルド）にはそんな祖父とわたしの大切な時間を当時の街並みとともに再現している。

¥500
¥500
¥650
¥500

鱧

小学6年生の息子と二人で、居酒屋に入ったときのこと。「何、食べる?」という母親の問いに、メニューを見ながら、息子は、「せやなあ、鱧《はも》の湯引き!」そう答えた。「鱧の湯引き知ってるん? 嫌いじゃないん?」

あらためて、まだ知らなかった息子の一面に触れ、母は驚いた。夕飯を考えるとき、どうせ息子は食べないだろうと鱧の湯引きは避けていた。なのに一番に注文する?

そして一口食べた息子は、「うん、うまい!」。そんな息子に、「おっさんかっ!」と、ツッコミを入れてしまった。しかし、そう言いながらも少しうれしい気分。このうまさが分かるのか。しっかり関西人として育っているではないか。

鱧は、主に関西で食されており、京都では、祇園祭の暑い時期に長いものを食べると精力が付くとして食べる習慣があり、大阪では天神祭でも鱧料理をいただく。

鱧には、長くて硬い小骨が多く、「骨切り」という下処理が必要で、鱧の身に、皮を残して切り込みを入れなくてはならない。これは家庭ではできず、切り込みを入れたものが生で売っていたり、たいていは湯引きしたものが、梅肉を添えて、刺身コーナーで売られている。つまり調理不要ということ。それなら、これからどんどん夕飯に、鱧の湯引きを出そうと思う。

地ビール

暑い……。本当に暑い。危険な暑さだ。我が家の、人間でいうところの100歳を超える猫も、時々生きているかどうか確認するほどだ。こんなに暑いとやはり、ビールが進む。まずはビール！　2杯目は…となると、夫などは焼酎を飲んだり日本酒を飲んだりしているが、わたしはやっぱりビールがいい。でも同じビールとなると、ちょっと飽きてしまうので、お店などでは、地ビールをいただく。遠方へ出張に行ったときなどは珍しいので初めから地ビールを頼む。ネーミングやラベルなどにも工夫があって、もちろん味もさまざまで本当に楽しい。

そういえば、我が家の近くにも地ビールがあったぞ！　堺市にある甲子園8個分の広さの自然と触れ合える農業公園「ハーベストの丘」である。子どもが小さいときは、よく行ったが、最近は毎週末、野菜を買いに行くくらいだ。こちらでは、乳製品をはじめ、パンやソーセージも作っており、地ビールも「ほんまもんやさかい（ミュンヘナー）」、「すきやさかい（ピルスナー）」、「こだわりやさかい（ライラガー）」の3種類がある。以前飲んだことがあったが、久しぶりに買ってみた。

どれもおいしいが、個人的には「ピルスナー」が気に入った。飲みながら夫が言う。「このビールは経費で落ちるん?」細かいことは気にせず、まあ、飲もう！

BEER
こだわりやさかい
ハーベストの丘
BEER
BEER
ほんまもんやさかい
ハーベストの丘

カレーライスと生卵

ああ、ようやく夏休みが終わる…。長かった…。何が大変って、息子の宿題をさせることもそうだが、何といっても、昼ご飯。普段、わたし一人なら、適当に残りものですませているのに、息子がいるとそういう訳にはいかない。

そうめんに始まって、うどんに、パスタ、あらゆる麺料理を作った。そして、よく登場したのが、カレーライス。もちろん前の日の残りだ。それをカレーうどんにするという時もあり、もっと手を抜いてレトルトのカレーという日もあった。

ところが、そのカレーがたまに辛い時があり、息子から「辛いやん！」とクレームが出る。そこで思い出したのが、生卵である。子どもの頃、辛いカレーの時はよく生卵を入れていた。父などは、そこへウスターソースをかけていた。生卵をかけることで、辛いカレーが少しマイルドにもなり、ちょっと豪華な感じもした。少しさめるので、子どもにはちょうど良い。息子も「おいしいやん」と気に入っていた。単純である。ネットで検索してみると、このカレーに生卵投入は関西方面に多いらしく、邪道だという意見もあった。しかし、最近のカレーライスはもっと進化しており、トッピングにチーズ、オニオンフライ、ガーリック、納豆に揚げ玉、中には、プリンなんてのもあった。生卵なんて、かわいいものである。

ース
関西代表生卵
内容量
500ml

もちむぎ麺

５月に手作り絵本の指導で兵庫県神崎郡福崎町にある福崎町立図書館を訪れた。自然豊かな景色の中「もちむぎ」と大きく書かれた看板を見つけた。図書館の方に『もちむぎ』ってなんですか?」と尋ねると、福崎の名産品だと教えてくださった。その時は、へえーと感心していただけであったが、数日たって、もちむぎ麺が送られてきた。何でも聞いてみるもんだ、図書館の方が、わざわざ送ってくださったのである。

早速、冷やし麺でいただこうと、薬味にネギやシソの葉を添え、麺に刻みのりをのせた。そこで、これは、そうめんやうどんのように、ショウガでいただくのがいいか、そばのようにワサビでいただくべきか……。結局、少し味見してから、ワサビでいただくことにした。パッケージに書かれてある通り、そばにあらず、うどんにあらず、もちもちした食感とほのかな甘みに香ばしさ、のど越しもよく実においしかった。

もちむぎは、大麦の一種で、食物繊維を多く含み、普通の麦よりも、もちもちした食感、コレステロールを低下させる働きや大腸がん予防効果もあり、健康維持に役立つ食品だそうだ。わたしがいただいたもちむぎ半生麺のほかに、乾麺、手延べそうめん、もちむぎを使用したどら焼きや、カステラなどもあるそうだ。

この夏、そろそろそうめんにも飽きた方、ぜひお試しあれ。

生手延
もちむぎ麺

秋

あせ葉寿司

　普段、わたしは絵本を描いているが、土日になるといろいろな所に行っては、絵本の話をする講演会やら手作り絵本のワークショップなどを開いている。その仕事の帰り、和歌山方面からＪＲの「くろしお」に乗った折食べたのが、このあせ葉《は》寿司。

　何度も「くろしお」には乗っていて、かなり揺れること承知でちょうど夕飯時ではあったがお弁当などは買わずに飛び乗った。しかし乗ってから、やはりお腹がすいてきた。ちょうどそこへ車内販売がやってきたので「お弁当か何かありますか？」と尋ねたところ、「柿の葉寿司とあせ葉寿司があります」という返事が返ってきた。柿の葉寿司はよく知っているが、あせ葉寿司とはなんだろう？　聞いてみると「サバとシャケがあり、あせ葉という葉で包んであります」ということだった。せっかくなので食べてみることに。２枚の長い笹のような葉に包まれたあせ葉寿司を一口食べてみて驚いた。このさわやかな味と香りはなんだろう。さっきまで「くろしお」に酔っていた自分がうそのように、気分がよくなった。一緒に入っていた説明によると、「笹一」というお店のこのあせ葉寿司は、酢飯に紀州の南高梅を使用していて、フルーティーなお味はこれによるものだった。また、さわやかな香りは、あせ葉によるもので、この二つが絶妙にマッチしていた。急に元気になったわたしは、一緒にビールを買えばよかったと後悔したのだった。

紀州

たこ焼き

子どもの頃、土曜日のお昼ご飯といえば、たこ焼き。学校から帰ると、母はたこ焼きを焼く準備をして、待ってくれていた。

当時は、電気のたこ焼き器などなく、ガスだったので、台所のガス管からテーブルの上のたこ焼き器まで長いホースが伸びていた。

家で作るたこ焼きは、うまく丸まらなかったりで、見た目は美しくないが、そんなことは関係ない。自分でひっくり返して焼くのが楽しい。

ソースのほかに明石焼き風の和風お出汁《だし》に浸して食べたりもする。

そして、おなかいっぱいたこ焼きを食べた後は、大好きな藤山寛美の番組を見るのが、なにより幸せなひとときだった。

そんな子ども時代のせいか、わたしが初めて描いた絵本『よーいよーいよい』（ひさかたチャイルド）の裏表紙にはたこ焼きが描かれているし、『あっちゃんあがつく』（リーブル）という作品では、たこ焼きたちが、厚い鉄板の上でうれしそうに踊っている。挙げ句の果てには、たこ焼きが、幼稚園に通うという『たこやきようちえん』（ポプラ社）まで描いてしまった。たこ焼きの話をしつつ、しっかり自分の作品の宣伝も忘れない、わたしはやっぱり関西人だ。

豚まん

電車に乗っていたら、ぷーんと豚まんの匂いがしてきた。見ると、隣に座っていた女性が「551蓬莱」の紙袋を持っている。そんな訳で、今回は豚まん。

この豚まん、中華まんや肉まんと呼ぶのが一般的らしい。しかし関西人には豚まんでないとピンとこない。「豚まんこうてきたでー！」こう言われると、テンションが上がる。そしてこの豚まん、何をつけて食べるかということも、好みや地方によって違うらしい。何もつけない、からしだけ、しょうゆだけ、からしじょうゆ、酢じょうゆなど。でも、関西で意外と多いのは、ウスターソースをつけるという人。同じ関西人でもわたしはやったことがない。

わたしの代表作に『あっちゃんあがつく』（原案・みねよう／リーブル）という絵本がある。「あっちゃん　あがつく　あいすくりーむ　いっちゃん　いがつく　いちごじゃむ」という具合に順番に「あ」のつく食べ物から、「ん」のつく食べ物までが登場し、おまけにその食べ物には手足があって楽しそうに踊っている。濁音、半濁音まであり、もちろん豚まんの絵もあるが、「ぶ」のページではない。「ぶ」は「ぶっちゃん　ぶがつくぶどうのつぶつぶ」。その豚まんの絵は、「に」のページで、にくまんじゅうと表記されている。関西人としては、豚まんにしたかった。からしじょうゆをつけた豚まんに……。

ウスター
ソース
酢
豚まん

八つ橋

「八つ橋ってあんこが中に入っているものだと思ってた！」

産経新聞で連載していた「マイ・フェイバリット関西」のネタにと、送っていただいた『八ッ橋のひみつ』（学研）という児童書を見て驚いた。京都名産といえば必ず名前のあがる「八つ橋」。おそらくほとんどの人が手にするのは、粒あんの入った三角形のもの。わたしは、これを本来の「八つ橋」だと思っていたが、その本で紹介されている「聖護院八ッ橋総本店」では、正しくは「つぶあん入り生八ッ橋」で、「聖」という名で販売されている。また、同じ生地だけを細長く切ったものを、「生八ッ橋」と呼んでいる。実はわたし、この生地だけの「生八ッ橋」が大好きなのだ。京都に行くと、あんこの入ったものよりこちらを買うので、よく人から「変わっているな」と言われる。

では、本来の「八つ橋」とはどんなものか？　その歴史は古く、300年以上前、八橋検校という琴の名手が亡くなり、京都黒谷にある金戒光明寺《こんかいこうみょうじ》の常光院「八《やつ》はしでら」に葬られた。その後、参道の茶店で検校の墓参りに訪れる人々のために作られたものが「八つ橋」。ちょうど「生八ッ橋」を焼き上げたような感じで、茶色く、細長い丸みを帯びた琴の形をしており、歯ごたえがあって、ニッキの味と香りがするとある。

今度京都に行ったら、300年前の日本人と同じ味を味わってみたいと思う。

聖護院
ハツ橋

かやくご飯

すっかり朝晩は涼しくなって、秋の気配。「そうだ、久しぶりに、かやくご飯にしよう！」うちで作るかやくご飯は、ゴボウはささがき、ニンジン、シイタケ、シメジ、こんにゃくにおあげさんは、細かく刻んで、鶏肉も少し入れ、おいしく炊き上げる。

子どもの頃は、かやくご飯だと何杯もおかわりしたものだ。

「おこげのとこ、入れて〜！」と、よそってくれる母に頼んでいた。

しかし、この「かやくご飯」、関西で使われる言葉であることを最近になって知った。一般的には、「五目ご飯」や「炊き込みご飯」と呼ぶのだろうか？

本来、「かやくご飯」は、「加薬ご飯」と書き、「加薬」は、香辛料、薬味という意味と麺やご飯に加える具材の意味がある。野菜を主とした具材と、こんにゃく、薄揚げなどを細かく切って、具がご飯に溶け込んだ感じ。味付けもごくうす味。わが家のまるで「ゴボウ入れました！　根菜類をたくさん食べなさい！」とでも言っているかのようなかやくご飯とは大違い。でも、こんなかやくご飯でも、「今日は、かやくご飯やでぇ！」と言うと、「おおっ！」と夫の目が輝く。「では、いただきまーす！」となるところへ、「えぇー？　炊き込みご飯、いややぁ！　白いご飯がいい！」という、小６の息子…。なんで炊き込みご飯やねん。なんで白いご飯がいいねん……。

コロッケ

明石市こども図書館を仕事で訪れたときのこと。イベントのお手伝いをされていた方が、明石では有名なコロッケ屋さんであることを知り、「うちの息子は、コロッケが大好きなんですよ」という、わたしのいやしい言葉で、その方は、わざわざお店までコロッケを取りに戻ってくださった。仕事を終え、帰宅に2時間近くかかったが、いただいたコロッケはまだほんのり温かく、舟に5個ずつ入れられ、新聞紙に包まれていた。何とも懐かしい。そして、食べてみるとびっくり！　それはおいしいジャガイモの味がしっかりするコロッケだった。しつこい味は全くなく、家族3人で、コロッケ10個をあっという間に平らげてしまった。それから2年ほど経ち、その味が忘れられず、お店に伺うことにした。山陽電鉄の「人丸前駅」からすぐの、のどかな昭和な街に「かわいさんちの手作りコロッケ」がある。看板はないが、看板娘のチワワのパンコちゃんが出迎えてくれる。そしてその日のお天気のように明るく元気な河井由紀子さんが揚げてくれるあつあつコロッケのおいしいこと、おいしいこと！　厳選された材料と新鮮さにこだわって、変わらぬ味を守っておられる。仕事の合間に小学校などで絵本の読み語りをされている河井さん。ここのコロッケには、そんな河井さんの愛がいっぱいつまっている。そのとき初めていただいたソーセージフライも格別のお味。ああ、明石に引っ越したーい！

ビーフカレー
コーンスープ
¥300
¥290 ¥210

タンシチュー

「神戸の元町へショッピングに行くときは、必ず行くお店があるんです。そこのタンシチュー、めっちゃ、おいしいんですよ。２２００円なんで、ちょっと贅沢《ぜいたく》かなって思うんですけど、もう、絶品です！」

ネイルにはまっていた頃、ネイリストの女性から、そう教えてもらった。数年後、ギャラリーへ恩師の原画展を見に行ったときのこと。見終わったらちょうどお昼時、おなかがぐーっとなった。そしてここは元町。とたんにその話を思い出した。でも、どこだろう？　たしか、「グリル一平」っていう名前だった。と思い、ギャラリーから出てきたら、おお――――っ、ここだ！　細い道を挟んで向かい側。目の前にあった。

「グリル一平」は、創業60年以上にもなる、神戸では有名な老舗の洋食屋さん。新開地の本店と、三宮店と、ここの3店舗ある。こだわりは、５、６日もかけて作られる秘伝のデミグラスソース。このデミグラスを使用したオムライスは、こちらの看板メニュー。そして、タンシチューは、このデミグラスよりも少し濃い目のシチュー用のソースを使用している。柔らかいタンにこのソースがからんで、思わず「しあわせ」という言葉が出てしまう。こんなん家ではできないし、たまには贅沢してもいいじゃないか！　と思いながら食べたのだった。

グリル一平

いか焼き

お好み焼きや、たこ焼きは家で作るけど、さすがに関西人でも、いか焼きを自宅で作る人って少ないと思う。やっぱりいか焼きは、お祭りの屋台かなあ？　それとも阪神百貨店の地下のいか焼き？　あれは安くておいしいなあ。

関西以外でいか焼きというと、イカそのままの姿焼を指すのだろうが、関西でいうところのいか焼きは、クレープのような、チヂミのような、小麦粉の生地にイカの切り身を入れ、お好み焼きのようにソースをかけた粉もん。焼くときにぱっと卵を割り入れることも多い。家で作らないのは、その製法にあると思う。せんべいを作るときと同じように2枚合わせた四角い鉄板の間で、このいか焼きをぎゅーっと押しつけて焼く。そうすると、小麦粉にふくまれるグルテンの働きにより、コシのある、もちもちした食感になる。イカの味というよりは、ソースの味の方が勝っている。もちもちの生地の食感もよくて、そこにぷりぷりのイカが存在している、といったところだろうか。いか焼きは、主食というよりは、軽食。ビールによく合う軽食。

ああ、いか焼きが食べたくなってきた！

ネットで調べてみたら、家庭用の鉄板が販売されていた。鉄板買って、作ってみようかなあ……。

こ焼
かや

ぜんざい

普段、わたしは絵本を描いている。その中に『あぶくたった』（ひさかたチャイルド）という作品がある。わらべ歌でおなじみの「♪あぶくたった　にえたった…」である。

木のお玉を片手に、割烹着《かっぽうぎ》を着たネズミの母さんが、この歌をうたいながら、なにやらこしらえている。火鉢には、おなべがかかっている。

「♪にえたか　どうだか　たべてみよ…」

ふたをあけてみると、そこには「ぜんざい」が入っている。関西人が見たら、ほとんどの人が「ぜんざい」と言うだろう。しかし、この本の結末は、「あまーい　おしるこできあがり！」となる。作者のわたしも明らかに「ぜんざい」だと思う。

関東では、餡《あん》に近い汁気のないものを「ぜんざい」、汁気の多いものを「しるこ」と呼ぶ。関西では、汁気のあるつぶし餡で作ったものを「ぜんざい」、こし餡で作ったものを「しるこ」と呼ぶ。

悩んだ末、全国の子どもたちにわかってもらえるよう、「おしるこ」という表現を選んだ。音の響きも良かった。なので、作者としてはそのあたり、地方によって変えて読んでもらえたらと思う。

文章ではなかなか伝わらないと思うので、ぜひ絵本で確かめてみてください！

関西風
ぜんざい
関東風
ぜんざい

紅しょうがの天ぷら

梅干しができたので、残った赤梅酢に新ショウガを漬け込んで、紅しょうがができた。これは、いつも母がやってきたこと。母も「もうしんどい」というので、未熟ながら数年前より、わたしが作っている。ありがたいことに夫も息子もそんな、しょっぱーい梅干しと紅しょうがが大好き。紅しょうがは、お好み焼きや、たこ焼き、焼きそばには、欠かせない。また、そぼろどんぶりやばらずしに飾れば、ぱっと華やかになる。

そしてもう一つ、天ぷら。年齢のせいか最近あまり天ぷらをしなくなったが、家で天ぷらを揚げるときは、ササミや、魚介類、野菜のほかに、この紅しょうがも必ず天ぷらにする。わが家では、一品、一品、フライヤーで揚げながら食べるのだが、間にこの紅しょうがの天ぷらをいただくと、口の中がさっぱりとして、また、ほかの天ぷらがおいしくいただける。

しかし、この紅しょうがの天ぷらが、関西特有のものだということは知らなかった。関西では、スーパーのお惣菜コーナーでも売られているのをよく見かけるが、ほかの地方で紅しょうがの天ぷらといえば、刻んだ紅しょうがと魚のすり身を揚げたあの練り物の天ぷらを指すそうだ。

久しぶりに、天ぷらにでもしようかなあ。

柿の葉寿司

お墓参りに行くと、必ず買って帰ったのが、柿の葉寿司。父方のお墓が奈良にあるため、お参りに行った際によく買って帰ったものだ。最近では、デパートなどでも買えるようになったが、子どもの頃は奈良に行かないと買えなかったような気がする。

柿の葉寿司は、奈良県以外に和歌山県でも郷土料理とされており、最近でこそ、サケや小ダイなどもあるが、本来は、鯖ずしを柿の葉で包んだのが始まり。

関東の人に「この柿の葉は食べられるのか?」と聞かれたことがある。食べられへんよー! でもこの柿の葉っぱをばかにするなかれ。柿の葉には殺菌効果があり、包むことで数日保存が可能。乾燥も防ぐ天然のラップ。そして、柿の葉の香りが寿司に染み込み、柿の葉寿司独特の芳醇な味わいになるそうだ。

たしか2年前のちょうど紅葉の時期、「ここの柿の葉寿司は、おいしいから食べてみて!」といただいたのが奈良県吉野の金峯山寺《きんぷせんじ》・蔵王堂《ざおうどう》の前にある「やつこ」の柿の葉寿司。開けてびっくり! 柿の葉が紅葉していた。緑のものと紅葉しているものが混ざり合って、何と美しいこと!

お店によると、その年の気候によって紅葉した葉が手に入らないときもあるそうなのだが、お味の方も格別で、しみじみ日本人でよかったと思った瞬間だった。

赤こんにゃく

仕事で滋賀県を訪れた折、昼食の小鉢にふしぎな赤い物体が入っていた。どうやらその赤い物体は、シイタケやニンジンなどと煮つけてあるようだ。生麩？　いや、もっとつるっとして、弾力がある。レバー？　違うなあ、うーん、何か加工されて出来ているような……赤いババロア？　そんなバカな……いったい何？　じっとこの赤い物体を見つめるわたしに、滋賀県の方が笑いながら「それはこんにゃくなんですよ。赤こんにゃくといって、近江八幡の名産品なんです」と教えてくださった。

食べてみると、なるほどこんにゃくの食感。しっかり味も染みていて、とてもおいしい。

そしてつい最近、滋賀県出身の編集者と話していたとき、この赤こんにゃくの話題になり、あの赤は、何で着色しているのだろう？　ということになった。唐辛子のような味はしないし……。調べてみたら、現在は、三二酸化鉄という鉄分で染められていることが分かった。でも、なぜこの地域だけこんにゃくが赤なのか？　織田信長の派手好きからこんにゃくも赤く染めさせたとか、近江商人の奇抜なアイデアだとか、諸説あるが、はっきりしていないらしい。

いずれにしても、わたしはこの赤こんにゃくが気に入って、必ずお土産に買うようにしている。

近江八幡名物
赤こんにゃく

カフェ&ギャラリー 無花果

先輩の勧めで『おかしな　おかしな　おかしのはなし』(リーブル)という絵本の原画展をさせていただくことになった。のんきなわたしは、最終日、初めて伏見桃山の「カフェ&ギャラリー無花果《いちじく》」を訪れた。ＪＲ桃山駅から徒歩２分。近鉄桃山御陵前駅や京阪伏見桃山駅からも近い。ギャラリーでは、さまざまな作品展示のほかに、イラストなどのカルチャー講座も行っている。

無花果という名前の由来が、昔はどこの家にも植えられていた身近な果樹から、地域の方が、気軽にちょっと立ち寄って休める場所にとつけられた。その名の通りオーナーさんは、気さくで温かな女性。そんなお人柄を慕って常連さんも多く、オープン当初、スタッフはボランティアだったとか。

伺った土曜のランチは満員。メニューのパスタやホットサンドもとてもおいしくてリーズナブル。「京都に引っ越しておいで!」というオーナーさんの誘いに真剣に考えた。「ああ、毎日ここに来たい!」そう思わせる何かがある。

お店を出る頃には温かな、そしてなんだかがんばれそうな元気が出ていた。「うちの店は、人通りの多い日にお休みやねん」と、日曜はお休み。

でもそんなところもホッとする、素敵なカフェなんだな。

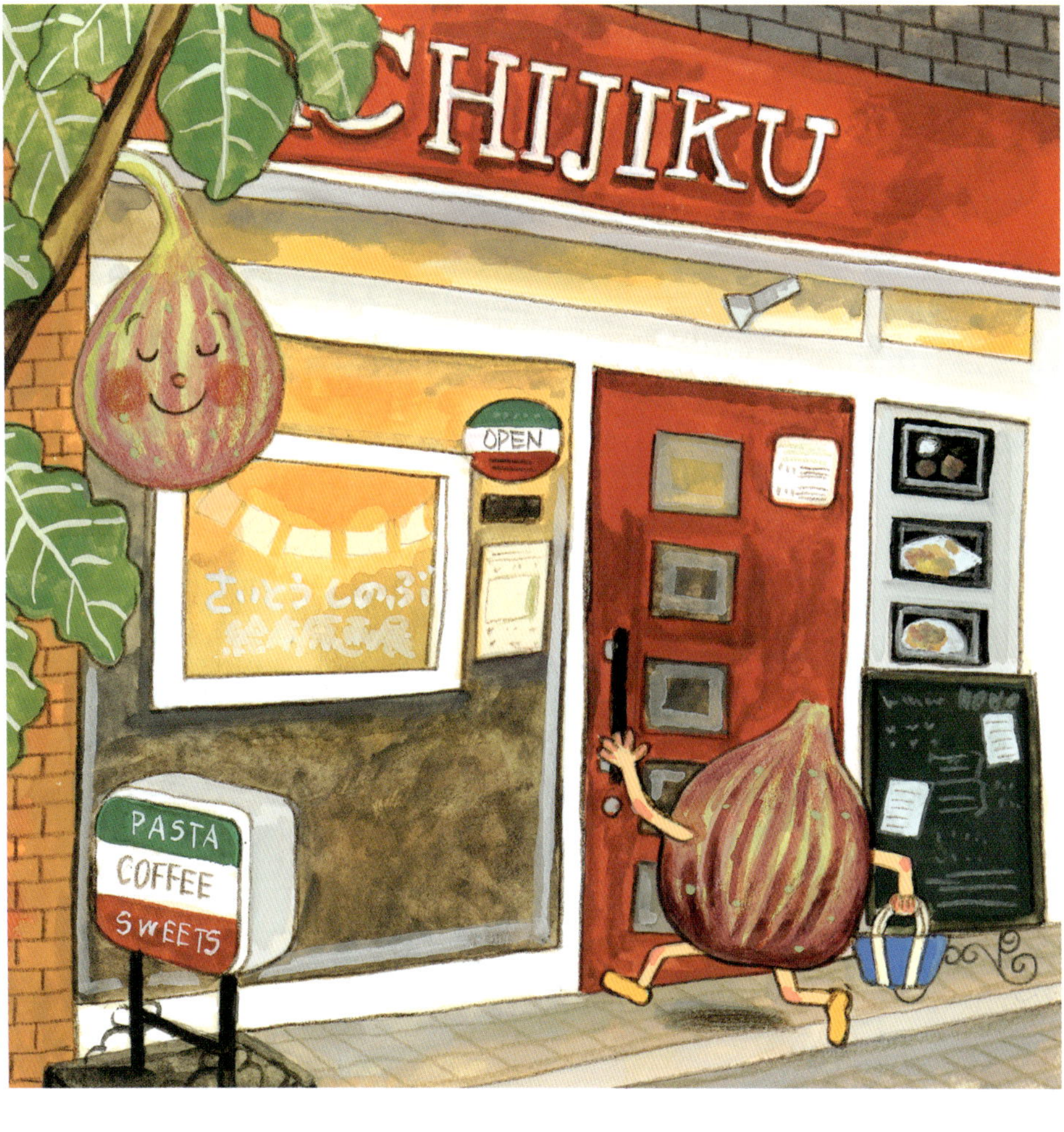
CHIJIKU
OPEN
さいとうしのぶ
PASTA
COFFEE
SWEETS

冬

関東煮

いつからだろう？　わが家で「おでん」と呼ぶようになったのは……。子どもの頃は、「関東煮《かんとうだき》」と呼んでいた。

わたしは、子どもの頃、母の作る少し甘味のある、おしょうゆの色がしっかりついた関東煮が大好きだった。中でもわたしの大好物はコロ。クジラの皮の部分である。もう、30年以上口にしていない。スーパーなどで時折売っているのを見かけるが、高くて手が出ない。

クジラの種類によって値段が違うが、およそ100グラム1000円前後。母にどうやって料理するのか聞いてみたが、「さあ、どうやったかなあ？」といかに長いこと料理していないかが分かる。

ネットで調べてみたら、「コロとはクジラの皮脂肪を鯨油で長時間かけて揚げ、油を抜きカラッと仕上げたもので、水で戻した後、お湯で油を抜き、じっくり時間をかけておでんの具と煮込む」とあった。おでんの味がしっかりついたもちもちっとしたコロの触感はたまらない。

おでんの専門店には置いている店もあるらしいが、かなり高価な一品だとか……。

ああ、コロの入った関東煮が食べたーい！

ごぼ天
厚あげ
ちくわ
味
関東

クリスマスケーキ

♪ぐっと　かみしめて　ごらん～　マ～マのあたたかい心が　お口の中に
しみとおるよ～………パルナス　パルナス　モスクワの味
パルナス　パルナス　パルナス………♪

いまだにケーキと聞くとこの歌が思い浮かぶ。日曜日の朝、ムーミンのアニメ番組を見ているとと聞えてくるコマーシャルソング。朝、放映されていたにもかかわらず、ムーミンもこのコマーシャルも独特の雰囲気をかもし出していた。5歳下の妹は当時このコマーシャルが始まると、毎回怖くて泣いていた。

ネットで調べてみると、パルナス製菓は、かつて関西を中心に洋菓子製造・販売を行っており、平成12年に事業を停止し、平成14年に解散したとあった。

たしか記憶では、当時のクリスマスケーキは、スポンジケーキはずっしりと重く、生クリームではなく、バタークリームを使ったものが主流だったように思う。ピンクやブルーのバタークリームで、バラがかたどられ、砂糖菓子のサンタさんや、赤いサクランボの砂糖漬けがのっていたような……。

懐かしのクリスマスケーキは、なぜかモスクワの味。

Merry
Christmas!

どて焼き

「今日の晩ご飯、何にしようかなあ?」そんなとき、お肉のコーナーで、きれいな牛スジを見つけたら、決まり!「どて焼きにしよ!」

ちょっと肌寒くなってきたし、ビールによく合うし、将来酒飲みになるであろう小学生の息子も、このどて焼きが大好き。

一口に牛スジといっても、調べてみると、赤身スジ、アキレススジ、メンブレンなど、ほかにもあるが、わたしは、どて焼きには赤身スジを使う。赤身スジとは、肉を各部位に切り分けるとき、取り除いたスジ肉とされる部分のことで、肉の部分や脂身が付いていることが多く、関西では、煮込みやおでん、カレーなど幅広く使われる。本来捨ててしまう部分も、おいしく食べてしまう、実に関西らしい食材である。そして、どて焼きとは、土手状に味噌を盛り、その中央で具材を焼いたことから、どて焼きという名がついたそうなのだが、現在は、スジ肉を味噌やみりんで長時間かけて煮込んだものを指すらしい。わが家のどて焼きはというと、圧力なべを使って牛スジを数回湯がき、余分な油や臭みを取ったら、小さく切り分け、ちぎって切り分けたこんにゃくとショウガも入れ、煮込む。味付けは、実に適当。酒、みりん、砂糖、味噌、しょうゆなんかを入れて、ぐつぐつ煮込む。盛り付けたら、たっぷりのネギと七味をかけて、「いただきまーす!」

丸餅

もうすぐお餅つきだ。

わが家では、毎年、12月29日にお餅つきをしている。これも梅干し作り同様、母がずっとやってきたことを受け継いでいる。数年前より、両親指導のもと、息子や、姪たちも一緒にお餅つきをする。もちろん、餅つき機を使って。29日というのも決まっていて、というか母が決めたのだが、9がつくのは、本来、「苦《く》がつく」といって、忌み嫌うのだが、母いわく「苦《く》をついてしまう」という意味で29日なのだそうだ。

そんな訳で、お正月用のお餅を皆でわいわい言いながら作る。何といってもつきたてのお餅は格別においしい。「ちょっと！　食べてんと、はよ丸めて！」ついついこんな言葉が出てしまう。

そう、関西では丸餅。大人になるまで、餅は丸と思っていた。ところが、スーパーなどで市販されている餅は長方形。これは機械で作るからなんだと勝手に解釈していた。最近では、プラスチックの鏡餅の中から、小分け包装された丸餅が出てきたりする。便利な世の中だ。できた自家製の丸餅は、もちろん、お正月に焼いて食べるが、白味噌の雑煮にも入れる。

さあ、急いで餅つきの準備をしなくっちゃ。そういえば、餅箱どこにしまったっけ？

すき焼き

「今日は、すき焼きやでえ！」

そう聞くと大人になった今でもテンションが上がる。

現在、我が家ですき焼きをするときは、市販の割り下を使う。しかし、子どもの頃はシンプルにしょうゆや砂糖で味付けしていた。その係りはなぜか父だった。お好み焼きの時も父がひっくり返す係りだった。

しかし、この味付けがなかなか難しい。白菜などの水分が出ると、少し水臭く、「もうちょっとしょうゆやな…」。しばらくして「甘味が足りんな…」と砂糖を入れる。すると今度は味が濃くなってしまって、「水、入れよか…」となる。そして、おいしくなったころに肉はなくなっている。

しかし、本当の楽しみは、次の日の朝ご飯だった。残ったすき焼きの汁に、残った白菜を入れる。深い味がして一番おいしい。そして、その白菜の中から、昨晩のうどんをさがし出す。もし、白菜の中からお肉の切れ端を見つけたら、その日は朝からついている！

やっぱり「すき焼き」はいまだに特別なごちそうやなあ。

茶粥

年末からお正月にかけての暴飲暴食のせいか、毎年お正月が終わった時期は、胃の調子が悪い。七草がゆも忙しくって食べ損ねたり。そんな時はやっぱり「茶粥《ちゃがゆ》」。父が奈良県出身ということもあって、子どもの頃から、母がよく茶粥を炊いていた。当時はどちらかというと芋粥の方が好きだったが、今ではすっかり茶粥のうまさが分かるような年齢になった。

一般的には、茶粥というと茶で炊いた粥のことだが、昔から「おかいさん」と呼ばれ、和歌山県などでも親しまれている。

作り方は家庭によって違うが、我が家では、ほうじ茶を入れた手作りの茶袋と米、水、塩をほんの少し、土鍋に入れ火にかける。その時かき混ぜたりせず、沸騰しても絶対にふたを開けてはいけない。しばらく弱火にしてしっかり蒸らすと、米がほわっと花開いたようで、どろっとした粘り気はない、さらっとした粥になる。もちろん熱《あつ》あつもいいが、夏場、冷やして食べてもおいしい。さっぱりとして胃にやさしく、ほうじ茶の香りが食欲をそそる。

余談ですが、うちの父のお勧めは、冷たーい冷ご飯（白）に熱あつの茶粥がけ。わたしもやってみましたが、あまりお勧めはできません。

ネギ

わたしはネギが好きだ。大好きだ。ラーメン、うどんなどには、大量にネギを入れる。冬は、特にネギがおいしい季節だ。いわゆる普通のネギも好きだが、関西でいうところの白ネギも大好物で、最近では、下仁田ネギなど、さまざまな種類のネギが売られていてうれしい。新鮮なものは、トローンとしていて、絶品だ。鍋に入れてはネギばかり食べている。

しかし、このネギ、関西と関東では、認識が違う。今でこそ、ネギの種類が増えたことで、関西も関東も料理によって使い分けているようだが、ネギというと関西は、青ネギで、関東は白ネギを指すらしい。いつだったか、東京で、立ち食いそばをいただいたら、白ネギが刻んであって、好きな量を自分で入れるようになっていた。ネギ好きのわたしは、「へー、そばにも白ネギなんだ…」と思いつつも、かなりの量をおそばに投入した。そうしたら、青ネギとは違って、白ネギは最後まで生っぽく、いつまでも口の中に、ネギの味が残っていた。

先日テレビを見ていて、ネギにまつわる関西人特有の行動を知った。それはネギの、根っこの部分を取っておいて植えることだった。そういえば、わが家にもプランターの端っこにそうして育ったネギがある。だって、ネギを切らしたとき、助かるんだもん。

千枚漬

シャッ、シャッ、シャッ

木製のカンナのようなもので薄く切られていく大きなかぶら。そしてそれをまるで、トランプのようにまな板の上に広げる。そう、懐かしのＣＭ、千枚漬である。年末からの冬の時期によく放送されていた。なぜなら、それは、千枚漬に使われる聖護院《しょうごいん》かぶらの生産時期が十一月から三月頃だからである。冬の代表的な漬物といえる。そして、すぐき、柴漬、この千枚漬は、京都の三大漬物といわれている。漬物の中でも、発祥は比較的新しく、幕末だとか。

わたしはこの千枚漬が子どもの頃から大好きで、買えばけっこうなお値段のため、母は、よく家で作っていた。わたしも今ではカブラの塩漬けも作るが、年末くらいから、この千枚漬を作る。もちろん聖護院かぶらではない。普通のかぶら。だから、千枚漬もどき。聖護院かぶらが万が一、手に入ったとしても、あんなにでっかいスライサーは家庭にはないし、包丁で切れば、分厚くなること間違いなし。大きさも厚みも不ぞろいだが、家庭でいただくには、千枚漬けもどきで十分だ。

年末年始、ごちそうを食べすぎたとき、お茶漬けや、鍋の後の雑炊といっしょに食べる、さっぱりとした千枚漬、いや、千枚漬けもどきは、本当に最高の冬の漬物といえる。

ふぐ

「中学合格したら、ふぐが食べたい！」グルメ番組を見ていた小6の息子が言った。そう、受験生の息子は、「てっちり」と「てっさ」が食べたいというのだ。えっ、ふぐ？　なんでふぐ？　と思ったが、「そんなん、終わったら、何でも食べさしたるやんか！　キャビアでも、ふかひれでもフォアグラでも！」と、返す母。

そういえば、ふぐなんて長いこと食べてないなあ。商社勤めをしていたバブルの頃、よく食べに連れてってもらった。その時は、若かったので、お肉の方がいいなあ、と思ったが、今はふぐを喜ぶ年齢になった。

ふぐ料理、「てっちり」は、大阪を代表する料理の一つだそうで、鉄砲に当たると死ぬ。そこから、ふぐのことを鉄と表現し、鉄のちり鍋だから、「てっちり」と呼ばれるようになったとか。「てっちり」とともにいただく薄造りにしたふぐの刺身「てっさ」、これもまた、おいしい。一度でいいから、一皿一人で食べてみたい。干したひれを熱燗に入れたふぐのひれ酒は、おいしすぎて、飲み過ぎに注意。最後は、ふぐのお出汁《だし》が胃袋にしみわたたる締めの雑炊。こんな大人の味が小学生の息子に分かるのだろうか？　学校なんてどこでもいいやん、早く終わって、「てっちり」が食べたいと切に願うのは、母親の方かもしれない。

合格祈願

鍋焼きうどん

関西の鍋といえば、てっちり、ハリハリ鍋、クエ鍋、うどんすきなど、おいしい鍋がたくさんある。あるけれど、てっちりは数回しか食べたことがないし、ハリハリ鍋やクエ鍋などに至っては、食べたこともない。うどんすきは自宅でもできるが、やっぱり美々卯のうどんすきがおいしい。でも、こちらも長いこと食べに行けていない。

そんな訳で、今回は、同じ鍋でも、庶民の鍋？　鍋焼きうどん。一説によると、この鍋焼きうどん、発祥は大阪という。いかにも名前が大阪らしい。焼いた鍋に入っているから鍋焼きだとか、大阪では、煮ることを炊《た》くといい、炊くを焼《や》くという漢字を用いることから鍋焼きだとか……。いずれにしても、鍋炊《なべた》きより、鍋焼《なべや》きうどんの方がおいしそうだし、インパクトがある。

わたしは、うどん屋さんに行くとついつい鍋焼きうどんを注文してしまう。うどんの上にえび天や卵、かまぼこなどがのせられて、小さな土鍋の中でぐつぐつ煮込まれることで、うどんにいろんな味が染み込む。ああ、今食べたい。

しかしこの鍋焼きうどん、時間がかかるので、一緒に食べに行った人が鍋焼きでない場合さっさと食べ終えてしまい、後から到着した熱あつの鍋焼きを急いで食べなければならないということが起こりうる。鍋焼きうどんは、ひっそりと、一人でいただきたい。

恵方巻

もうすぐ、節分だ。

わたしにとって節分とは、豆まきよりも、楽《らく》ができる日。詳しく言うと、夕飯の支度をしなくていい日ということだ。

ひとえに恵方巻のおかげ。その日は、一人に1本、巻き寿司を買って、塩漬けされたイワシを焼き、お吸い物を作るくらい。ご飯は炊かなくてもいいし、なんならおかずのイワシがなくても大丈夫。子どもなら、お吸い物もいらない。

それはなぜか……巻き寿司を1本丸かぶりするからだ。これが切り分けた巻き寿司ならそうはいかない。1本丸のままを、恵方を向き、願い事をしながら黙って食べる。話してはいけないのだから、いつもより比較的早いペースで食べることになるだろう。しかも食べ終えた頃には、お腹いっぱいになっている。おかずはなくてもいいということだ。家事の手抜きに加え、満腹感と楽しいイベント性。うまく考えたものである。

大阪から始まったものらしいが、今では全国的に広まりつつあるとか。きっとわたしと同じ考えの人が多いからに違いない。さあ、今年も恵方巻きを買って楽しようっと。

ちなみにわたしは、この恵方巻きをべらべらしゃべりながら、食べます。夫や息子がだまって食べるのを邪魔するように……。

中将餅

ワンダーホーゲル部に入った中学生の息子が、「明日の日曜日に二上山《にじょうさん》に行くので、お弁当よろしく」と言ってきた。

お弁当はいいけど、現地集合、行けるのか？　つい最近まで手をつないで寝ていた息子が、このところ言うことを聞かなくなり、いちいち反抗してくるようになった。更年期の母と反抗期の息子。ぶつかるのは仕方ないが……。とはいってもまだまだ幼く、電車を乗り換え到着できるのか心配だった。

しかしそんな息子が無事登山を終え、帰ってきた。少したくましくなったように見える。「みんなが買ってたから」とお土産を買ってきてくれた。近鉄大阪線当麻寺《たいまでら》駅前にある「中将堂本舗」の「中将餅」。二上山の登山客や当麻寺を訪れた人は必ず買うという有名な和菓子。開けてみると、よもぎ餅に、こしあんがのっているのだが、リュックに入れていたせいか、箱の片方に寄っていて「ん？　もう食べた？」という感じになっていた。いただいてみたら、絶品！　こしあんがなめらかでみずみずしく、甘み控えめなのがいい。よもぎ餅の味と香りがしっかりとして、柔らかく、いくらでも食べられそうだ。

思わぬお土産がうれしくて、だんだん難しくなる子育てだが、着実に成長している息子を励みに頑張ろうと思う母であった。

当麻名物
中将

肉吸い

花紀京さんが亡くなられた。子どもの頃から大好きだった。吉本新喜劇の花紀京、松竹新喜劇の藤山寛美、漫才はダブルヤングと、学校から帰った小学生のわたしの土曜の午後は、テレビにかぶりつきだった。そんな子どもがなぜ花紀京さんに魅了されたのだろう？　腹巻にニッカーボッカー、頭にはいつも毛糸の帽子。スキあらば、ただで酒を飲もうという巧みな話術に絶妙な間。そして芝居の中で見せる人情。きっと子どもながらに何か感じ取るものがあったのだろう。

そんな花紀京さんがよく通っていた「千とせ」の「肉吸《にくす》い」は、今では大阪名物となっている。「肉吸い」とは「肉うどん」のうどん抜きのことで、難波千日前に店を構えて50年。もともと「肉うどん」のおいしい店として地元の人や芸人さん達からも人気があり、出番と出番の空き時間に訪れた花紀さんが、二日酔いで軽く食事したかったために「肉うどん、うどん抜き」と注文し、先代の店主が、それに応えたことから始まったとされている。吉本の芸人さんは、売れっ子だった花紀さんにあこがれて、「肉吸い」を注文する。残念ながら、わたしはこの「肉吸い」を食べたことがない。お店に伺ったことはあるのだけれど、つい「肉うどん」を注文してしまうのだ。

次こそは「肉吸い」を食べ、売れっ子絵本作家を目指したいと思う。

うどん
牛うど

あとがき

「わたしは、やっぱり黒蜜！　なんで、旦那さん、酢じょうゆなん？」

「おばけとか、コロも知らんかったわぁ！」

「今度、コロッケ食べに行くわ！」

「マイ・フェイバリット関西」という産経新聞夕刊のコーナーを読んでくれた方がたがこう声をかけてくださった。

お二人のイラストレーターさんとわたしの三人で順番に毎週金曜日に関西のよいところを紹介する絵と文章を載せていただいた。特にわたしはやはり食べ物がいいと、勝手に関西の食べ物にまつわることを書かせてもらった。

関西弁の日もあれば、妙にかたい文章の日もあり、二年が過ぎたころ、

「あんた、次、何にするん？　もう、ないんちゃう？」

いつも掲載紙を楽しみにしてくれていた、両親が心配する。わたしももう、やめたいなあ、と思ったが、何とか三年続いた。

結局のところ、子どもの頃のことを思い返していることが多く、いかに子ども時代の経験が大切であるかを痛感した。改めて、わたしの絵本を描くという本業の重要性を再認識させられた仕事だった。

「先生、とても反響がありました！　ありがとうございます！」

と言って、紹介したお店の方が商品を送ってくださったり、

「こんなんもあるよ！」

と、おいしい関西のスイーツを持ってきてくれた方もいた。ご年配の方からとても丁重なお手紙を頂戴したこともあった。さまざまな出会いのあったわたしの三年間が、この本には詰まっている気がする。

新聞連載という良い機会を与えてくださった服部素子さん、拙い文章を直し、いつも素敵な見出しを付けてくださった山上直子さん、そして、快く本にしてくださったリーブルさんに心より感謝申し上げます。

また、関わってくださったお店の方がた、新聞を読んでくださっていた方がたにもお礼申し上げます。

最後にネタを提供してくれた、両親、家族にも……ありがとう。

さいとうしのぶ

●本文中に登場したお店

明治軒（P24）
〒542-0085 大阪市中央区心斎橋筋1-5-32
☎06-6271-6761

三津森本舗（P36）
〒651-1401 兵庫県神戸市北区有馬町809
☎078-904-0106

㈱もちむぎ食品センター（P58）
〒679-2204 兵庫県神崎郡福崎町西田原1022番4
☎0790-22-0569

笹一本店 紀の川店（P62）
〒640-8411 和歌山市梶取20-2
☎0120-043-401

５５１蓬莱戎橋筋本店（P66）
〒542-0076 大阪市中央区難波3-6-3
☎06-6641-0551

聖護院八ッ橋総本店（P68）
〒606-8392 京都市左京区聖護院山王町6
☎075-761-5151

かわいさんちの手作りコロッケ（P72）
〒673-0881 兵庫県明石市天文町1-3-1
☎078-912-3966（月・木定休）

グリル一平（P74）
〒650-0022 兵庫県神戸市中央区元町通2-5-6
☎078-331-1144

柿の葉寿司 やつこ（P82）
〒639-3115 奈良県吉野郡吉野町吉野山543
☎0746-32-3117

伏見桃山カフェ＆ギャラリー 無花果（P86）
〒612-8037 京都市伏見区桃山町鍋島6-45
☎075-756-0524

中将堂本舗（P112）
〒639-0276 奈良県葛城市當麻55-1
☎0120-483-203

千とせ（P114）
〒542-0075 大阪市中央区難波千日前8-1
☎06-6633-6861

さいとう しのぶ

堺市に生まれる。嵯峨美術短期大学洋画科卒業。テキスタイルなどのデザイナーをへて、インターナショナルアカデミー絵本教室に学ぶ。現在、絵本の創作とともに、絵本サークル「ぴーかーぶー」で、手づくり絵本を広める活動をしている。主な作品に『あっちゃんあがつく たべものあいうえお』『しりとりしましょ！ たべものあいうえお』『おしゃべりさん』シリーズ（以上リーブル）『おいしいおとなあに？』（あかね書房）『あぶくたった』（ひさかたチャイルド）『子どもと楽しむ行事とあそびのえほん』（文・すとうあさえ　のら書店 第55回産経児童出版文化賞ニッポン放送賞受賞）ほか多数。

この原稿は、2012年9月から2015年9月まで、
産経新聞夕刊大阪本社版「マイ・フェイバリット関西」のコーナーに掲載された原稿に加筆し、まとめなおしたものです。

ちょっと昭和な関西の味

2016年1月27日　初版発行
著者　さいとうしのぶ
発行　株式会社リーブル　〒176-0004 東京都練馬区小竹町2-33-24-104
Tel.03(3958)1206　Fax.03(3958)3062
http://www.ehon.ne.jp
印刷・製本　株式会社東京印書館

ISBN978-4-947581-82-2